Projeto

ÁPIS DIVERTIDO

5º ANO

Ensino Fundamental

GEORAFIA

ESTE MATERIAL CONTÉM PEÇAS E TABULEIROS DE DOIS JOGOS: **RETRATOS DO BRASIL** E **VIAJANDO PELO BRASIL**.

NOME: _____

ESCOLA: _____

editora ática

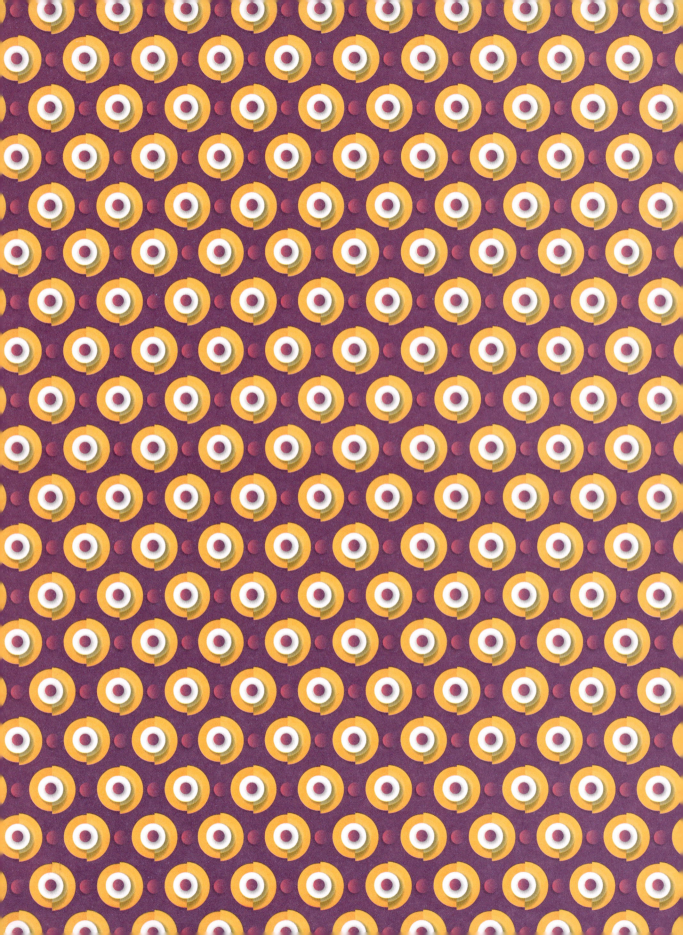

Retratos do Brasil

Destaque e cole as figuras no tabuleiro do jogo **retratos do Brasil**.

Os tabuleiros e as regras dos jogos **Retratos do Brasil** e **Viajando pelo Brasil** estão no final do **Ápis divertido**.

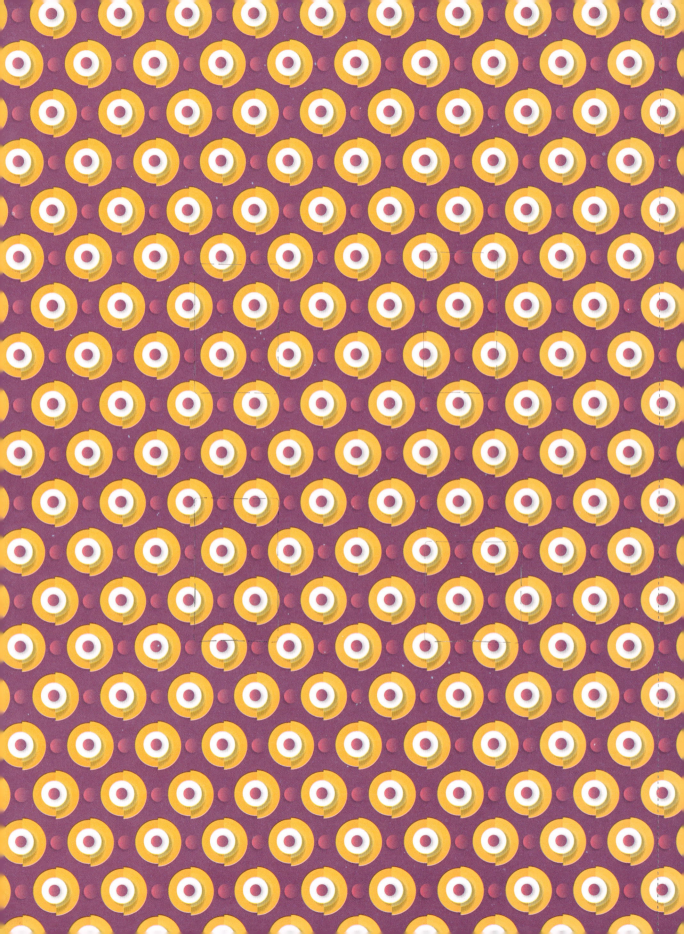

Retratos do Brasil

Destaque as cartas desta página e da página 7 para brincar com o jogo **retratos do Brasil**.

Operários, de Tarsila do Amaral, 1933.

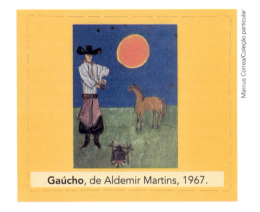

Gaúcho, de Aldemir Martins, 1967.

Figuras populares do Rio de Janeiro, de Joaquim Cândido Guillobel, sem data.

Bumba meu boi, de Aldemir Martins, 1992.

Café, de Candido Portinari, 1935.

A sege e a cadeira, de Henry Chamberlain, 1819.

Retratos do Brasil   Retratos do Brasil

Retratos do Brasil   Retratos do Brasil

Retratos do Brasil   Retratos do Brasil

Retratos do Brasil

Sampa, de Cristiano Sidoti, 2014.

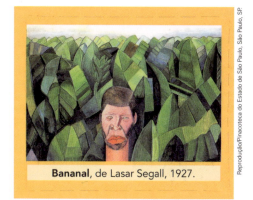
Bananal, de Lasar Segall, 1927.

Carnaval no Morro, de Di Cavalcanti, 1929.

Jogo de capoeira, de Rugendas, 1835.

Morro da favela, de Tarsila do Amaral, 1924.

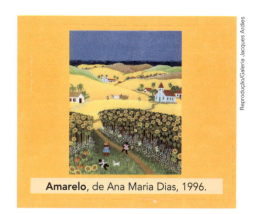
Amarelo, de Ana Maria Dias, 1996.

Retratos do Brasil

Viajando pelo Brasil

Destaque as cartas desta página e das páginas 11 e 13 para brincar com o jogo **viajando pelo Brasil**.

Quantos estados existem no Brasil?

Resposta

26 estados (e o Distrito Federal).
Ande 1 casa.

Quais são os quatro pontos colaterais?

Resposta

Nordeste (NE), Noroeste (NO), Sudeste (SE), Sudoeste (SO).
Ande 1 casa.

A maior parte da Floresta Amazônica localiza-se em qual região?

Resposta

Na região Norte.
Ande 2 casas.

Qual é o relevo predominante na região Centro-Oeste do Brasil?

Resposta

É o planalto.
Ande 3 casas.

Qual é o nome da linha imaginária que corta a região Norte do Brasil?

Resposta

Linha do equador.
Ande 1 casa.

A maior parte do território brasileiro encontra-se em qual zona climática?

Resposta

Zona tropical.
Ande 3 casas.

Qual é o estado brasileiro mais populoso?

Resposta

São Paulo.
Ande 2 casas.

A maior parte da vegetação de Caatinga está em qual região?

Resposta

Na região Nordeste.
Ande 2 casas.

Viajando pelo Brasil

Viajando pelo Brasil

Qual é o estado com menor área no Brasil?

Resposta

Sergipe.
Ande 2 casas.

Qual é o estado com maior área no Brasil?

Resposta

Amazonas.
Ande 2 casas.

Qual é a capital do Brasil?

Resposta

Brasília.
Ande 1 casa.

Qual é a região brasileira que possui o maior número de estados?

Resposta

Região Nordeste (9 estados).
Ande 1 casa.

O estado do Acre faz parte da região Sul. Verdadeiro ou falso?

Resposta

Falso. O Acre faz parte da região Norte.
Ande 1 casa.

A capital do Brasil fica em qual região?

Resposta

Região Centro-Oeste.
Ande 1 casa.

A maior parte da população brasileira está em áreas urbanas ou em áreas rurais?

Resposta

Em áreas urbanas.
Ande 3 casas.

A qual região do IBGE pertence o estado de Tocantins?

Resposta

Região Norte.
Ande 1 casa.

Viajando pelo Brasil

Viajando pelo Brasil

Qual é o pico mais elevado do Brasil?

Resposta

Pico da Neblina (2 995 m de altitude).
Ande 3 casas.

O território brasileiro está localizado inteiramente no hemisfério sul. Verdadeiro ou falso?

Resposta

Falso. Uma pequena parte está no hemisfério Norte.
Ande 2 casas.

Qual é a região do Brasil que possui o menor número de estados?

Resposta

A região Sul (3 estados).
Ande 1 casa.

O monumento Marco Zero da linha do equador está localizado em qual capital do Brasil?

Resposta

Macapá (capital do Amapá).
Ande 3 casas.

A sigla do estado do Paraná é PA ou PR?

Resposta

PR.
Ande 1 casa.

O Brasil está entre os três países mais populosos do mundo. Verdadeiro ou falso?

Resposta

Falso (o Brasil é o quinto país mais populoso do mundo).
Ande 2 casas.

O tipo de energia mais consumido no Brasil é a energia hidrelétrica. Verdadeiro ou falso?

Resposta

Verdadeiro.
Ande 1 casa.

Em qual região há a maior concentração industrial do Brasil?

Resposta

Região Sudeste.
Ande 1 casa.

Viajando pelo Brasil

Viajando pelo Brasil

Destaque e monte os peões e o dado para brincar com o jogo **viajando pelo Brasil**.

Legenda:

——— Dobre.

▱ Cole.

Peão montado.

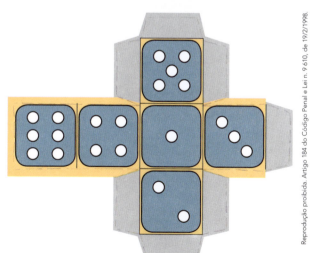

Dado montado.

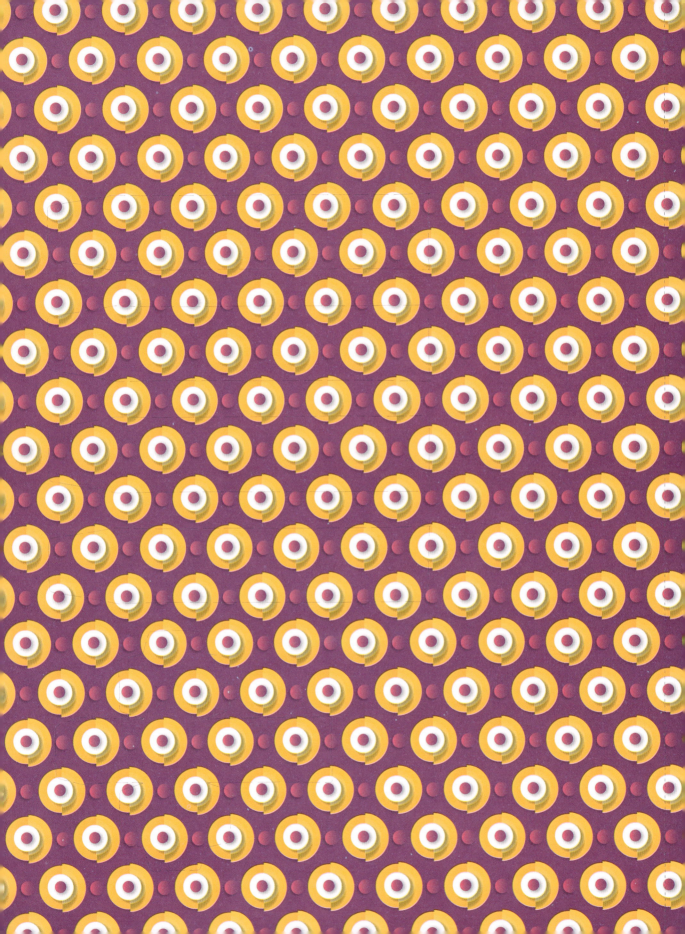

Brasil: grandes regiões – 2018

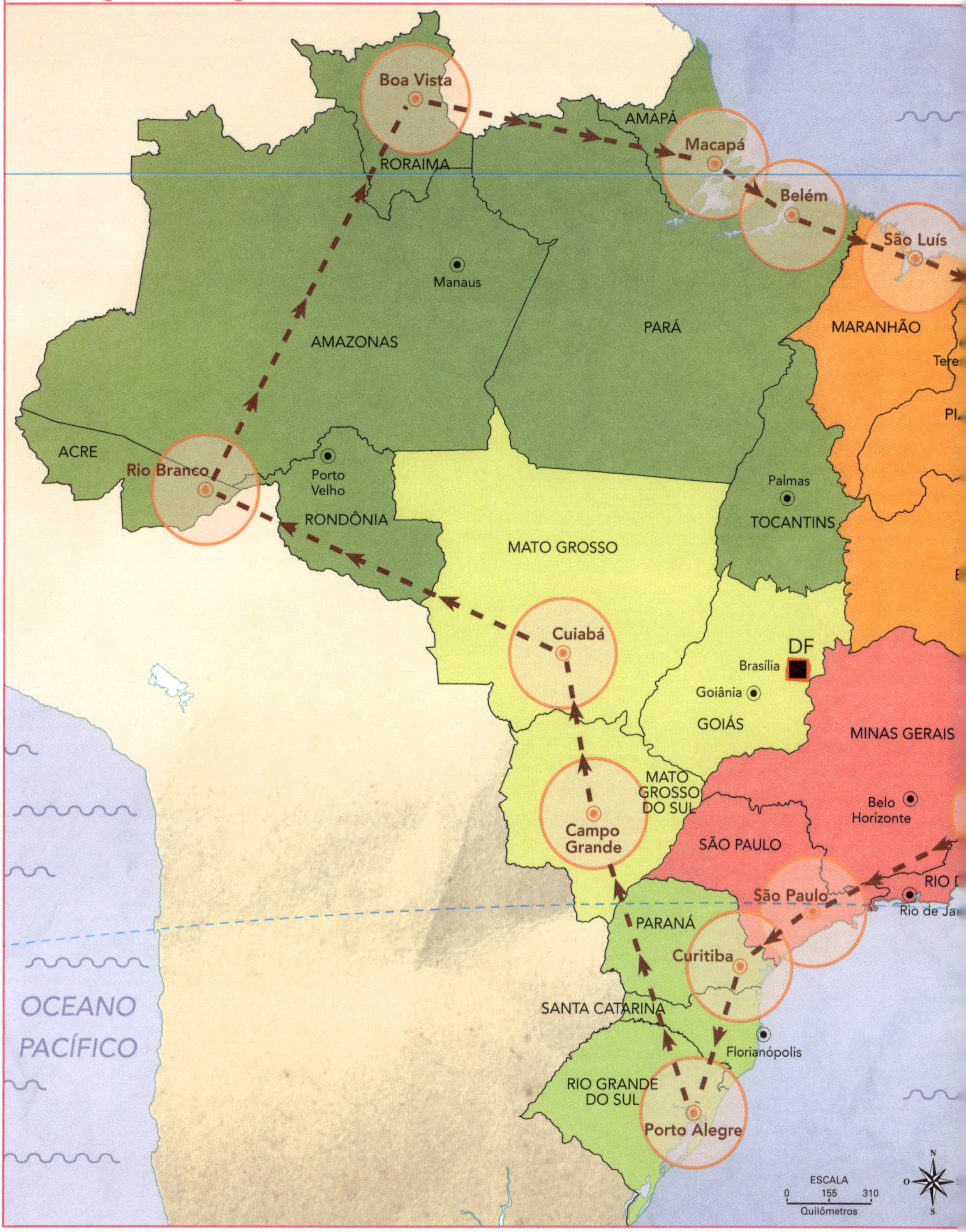

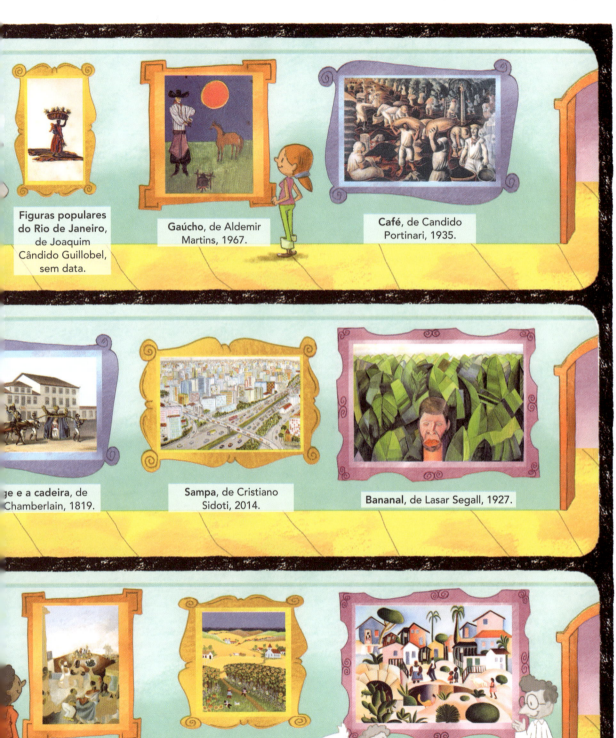

Retratos do Brasil

Vamos conhecer um pouco mais as manifestações artísticas que retratam o Brasil? Brinque de mímica no jogo **Retratos do Brasil**.

Quantidade de participantes

- 4 a 6, divididos em 2 equipes.

Como jogar

- Antes de começar o jogo, complete o tabuleiro com as figuras da página 3. Destaque-as e cole-as nos locais indicados.
- Destaque as cartas das páginas 5 e 7.
- As cartas devem ser distribuídas igualmente entre os participantes. Cada um deve ver apenas as próprias cartas.
- Começa a equipe que ganhar no "par ou ímpar".
- Um integrante deve tentar representar para a sua equipe, por mímica, durante 2 minutos, a obra de arte reproduzida em uma de suas cartas.
- Os outros colegas da equipe devem adivinhar o nome da obra que está sendo representada. Se acertarem, a carta deve ser colocada sobre o tabuleiro.
- Acabado o tempo, passa a ser a vez do colega da outra equipe.
- Vence a equipe que tiver mais cartas no tabuleiro.

Ilustração: Ivan Coutinho/Arquivo da editora

Operários, de Tarsila do Amaral, 1933.

Bumba meu boi, de Aldemir Martins, 1992.

Jogo de capoeira, de Rugendas, 1835.

Viajando pelo Brasil

O Brasil tem um território muito extenso e diverso, e cada uma de suas regiões possui diferentes características. Vamos explorar o território brasileiro neste jogo?

Quantidade de participantes

- 2 a 4

Como jogar

- Destaque as cartas das páginas 9, 11 e 13.
- Monte os quatro peões e o dado da página 15. Cada participante deve escolher um peão para jogar.
- Cada um deverá escolher uma diferente cidade circulada em vermelho para começar o jogo, mas todos devem avançar no sentido horário.
- Começa quem tirar o maior número no dado.
- Para avançar pelo caminho, os participantes devem acertar as perguntas das cartas e seguir as instruções. As perguntas serão feitas pelo colega que estiver à direita de quem está jogando.
- Vence quem chegar primeiro à cidade inicial escolhida.

Elaborado com base em: IBGE. **Brasil em números**. Rio de Janeiro: IBGE, 2018. p. 59.

CADERNO DE ATIVIDADES

GEOGRAFIA

2º ANO
Ensino Fundamental

NOME: _____ TURMA: _____

ESCOLA: _____

editora ática

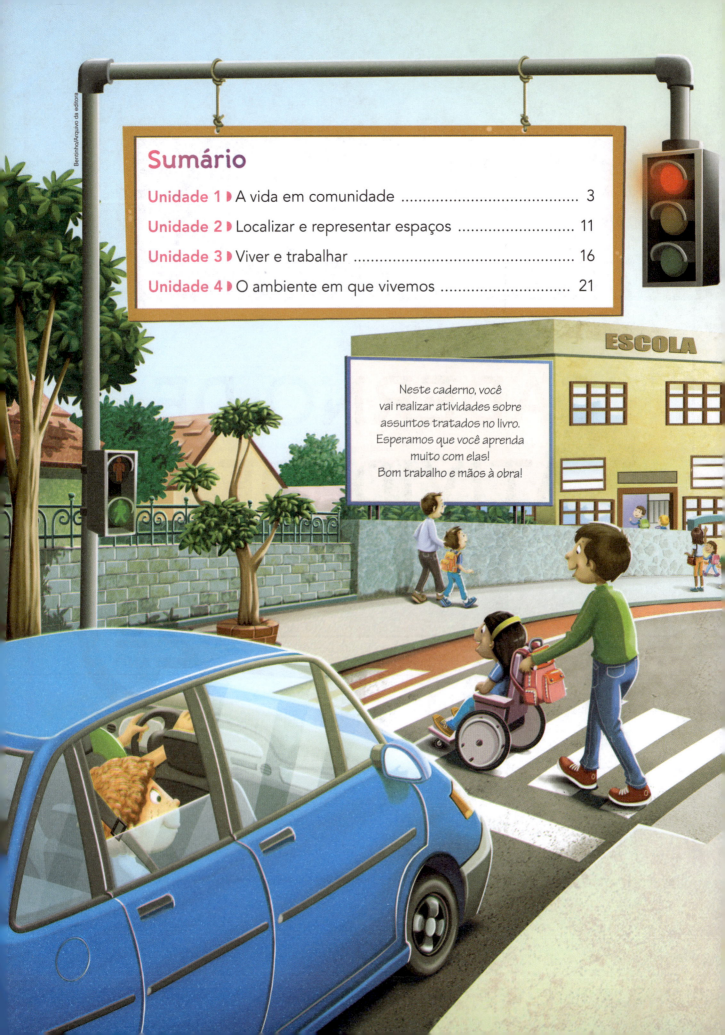

Unidade

A vida em comunidade

1 Juliana nasceu em Goiânia, no estado de Goiás. No ano passado ela e seus pais se mudaram para Vitória, no estado do Espírito Santo. Veja a ficha de Juliana na nova escola.

Nome: Juliana

Sobrenome: Fernandes Bueno

Nascimento – Dia: 5   **Mês:** abril   **Ano:** 2012

Onde nasceu: Goiânia, estado de Goiás

País: Brasil

a) Agora é a sua vez! Preencha a sua ficha escolar. Desenhe seu rosto ou cole uma foto sua no espaço da ficha abaixo.

Nome:

Sobrenome:

Nascimento – Dia: **Mês:**   **Ano:**

Onde nasceu:

País:

b) Débora Almeida de Souza e Bernardo Almeida de Souza são irmãos gêmeos. Eles nasceram em Fortaleza, no estado do Ceará, no dia 2 de dezembro de 2011. Atualmente, a família mora em Itapipoca, também no Ceará. Preencha as fichas de Débora e Bernardo.

Nome:

Sobrenome:

Nascimento – Dia: Mês: Ano:

Onde nasceu:

País:

Nome:

Sobrenome:

Nascimento – Dia: Mês: Ano:

Onde nasceu:

País:

c) O que são irmãos gêmeos?

_____

_____

_____

d) Apesar de serem gêmeos, Débora e Bernardo têm gostos e ideias diferentes. Em sua opinião, por que isso acontece?

_____

_____

_____

_____

e) Se você tem um irmão ou uma irmã, preencha a ficha com os dados dele ou dela. Se não tem, escreva os dados de um colega de classe. Desenhe a pessoa escolhida ou cole uma foto dela no espaço a seguir.

Nome:	
Sobrenome:	
Nascimento – Dia: **Mês:** **Ano:**	
Onde nasceu:	
País:	

f) Mostre a ficha preenchida ao seu irmão, à sua irmã ou ao seu colega de classe.

2 Luanda é uma menina que gosta de estar com um penteado diferente a cada dia. O nome dela foi escolhido pelo pai em homenagem à cidade de Luanda, capital de Angola, país da África. Leia o texto para conhecer um pouco mais a menina Luanda.

[...]

E do que ela mais gosta mesmo

É do cabelo crespo que tem. Cheio de rolinhos.

Ela é muito vaidosa.

Todo dia desfila pela escola um penteado novo,

e fica sempre linda!

Na segunda-feira ela pede:

– Vóóóó... me faz trancinhas?

Na terça-feira é:

– Paiêêê... deixa meu cabelo solto?

Na quarta-feira já vem com outra invenção:

– Vóóóóóó... prende bem o meu cabelo?

Quinta-feira mais uma novidade:

– Manhêêê... põe enfeites coloridos no meu cabelo?

E quem sabe o que será na sexta-feira, no sábado e no domingo?

[...]

Lucimara Rosa Dias. **Cada um com seu jeito, cada jeito é de um!** Campo Grande: Alvorada, 2012. p. 30-35.

a) Do que Luanda gosta?

_____

_____

b) Que dias da semana aparecem no texto? Circule.

c) Ajude Luanda a se arrumar para ir à escola. Ligue os itens à parte do corpo em que são usados. Depois, pinte os desenhos.

d) Quais familiares penteiam o cabelo de Luanda? Para responder, pinte os quadrinhos a seguir.

☐ mãe   ☐ avó   ☐ tia   ☐ primo

☐ irmão   ☐ avô   ☐ pai

e) Que cuidados diários você tem com seu cabelo?

_____

_____

3 Observe abaixo os desenhos de alguns brinquedos. Depois, faça o que se pede.

a) Circule de **verde** o menor brinquedo de cada grupo.

b) Pinte de **azul** o maior brinquedo de cada grupo.

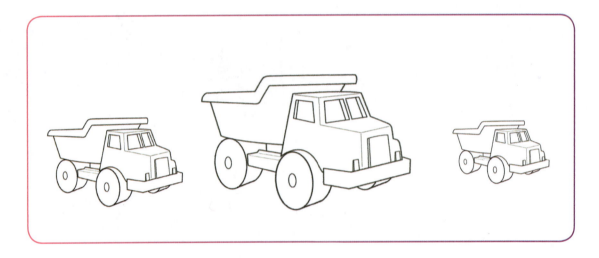

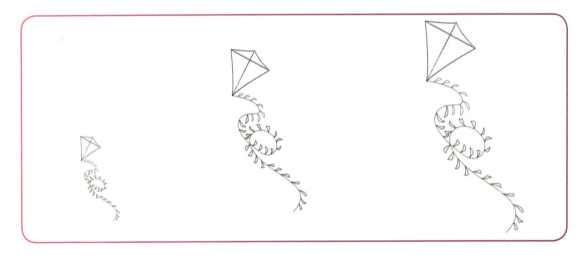

c) De qual dos brinquedos acima você mais gosta? Circule de **vermelho**.

4 Você aprendeu que os objetos podem ser representados de pontos de vista diferentes. Vamos praticar?

a) Pinte a caixa de presente que é **vista do alto, exatamente de cima para baixo**.

b) Pinte a panela que é **vista do alto e de lado**.

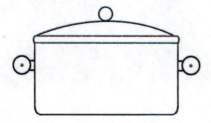 

c) Pinte o *notebook* que é **visto de frente**.

d) Escolha outro objeto e desenhe-o no quadro abaixo em qualquer ponto de vista. Depois, escreva na linha abaixo do quadro o ponto de vista que você escolheu.

_____

5 Encontre no diagrama o nome destes materiais usados na construção de moradias.

cimento   pedra   telha   madeira
tijolo   areia   palha   vidro

P	E	D	R	A	I	D	G	C	B	H	C	E	K	T	J	D	Y	I	S	U
B	F	S	I	Y	M	Z	G	A	E	D	A	Z	J	E	U	A	X	V	P	U
U	A	O	V	X	X	A	X	O	R	T	E	L	H	A	S	T	M	S	H	A
A	M	P	H	U	T	A	B	T	K	M	T	T	S	Q	X	F	W	L	U	T
T	V	Z	H	A	I	O	J	Q	B	J	Q	E	C	A	R	D	I	G	J	L
T	U	R	J	R	J	N	T	G	G	O	G	X	I	Z	K	N	T	O	A	P
O	E	K	F	E	O	E	G	C	Z	C	I	M	E	N	T	O	G	V	P	A
V	A	H	E	I	L	Z	X	D	K	O	U	G	C	B	H	C	C	C	Y	L
B	R	A	N	A	O	Z	X	C	H	V	I	D	R	O	Z	N	D	M	M	H
M	E	R	G	P	I	N	C	B	M	E	N	T	O	D	Y	G	C	P	L	A
W	I	E	R	W	D	L	A	G	T	J	G	C	W	T	G	G	T	U	N	T
J	A	C	L	O	L	D	A	G	L	F	H	M	A	D	E	I	R	A	T	S

10

Unidade 2 — Localizar e representar espaços

1 Marcelo tirou uma foto do lugar de que ele mais gosta na escola. Veja:

a) Que lugar é esse? _____

b) Em sua escola existe um lugar parecido com o da foto?

☐ Sim.   ☐ Não.

c) Qual é o seu lugar preferido na escola? Cole uma foto ou desenhe esse lugar no quadro abaixo. Depois, escreva o nome dele na linha abaixo do quadro.

_____

d) Que atividade você costuma fazer no lugar representado? Escreva abaixo.

_____

2. Caio, Carolina, Clara, Flávia, Jonas, Juliana, Marina, Mateus e Paloma estão no 2º ano do Ensino Fundamental e estudam na mesma escola. Na apresentação especial para o Dia da Família, os alunos estavam no jardim. Veja abaixo o desenho que a professora Natália fez das crianças.

a) Leia as pistas e observe o desenho para descobrir o nome dos alunos.

- Caio está de camiseta amarela, entre Jonas e Mateus.
- Jonas está com a boca e os olhos fechados.
- Juliana está atrás do cartaz de **Feliz Dia da Família**.
- Paloma tem sapatos verdes e está ao lado de Juliana.
- Carolina tem cabelos pretos e está ao lado de Juliana.
- Marina está de camiseta listrada.
- Clara está entre Marina e Flávia.

b) Agora, anote o nome dos alunos.

 Este é o _____.

 Este é o _____.

 Este é o _____.

 Esta é a _____.

 Esta é a _____.

 Esta é a _____.

 Esta é a _____.

c) Quais crianças não foram desenhadas nesta página?

_____

3 Observe na foto abaixo a vista que Tiago tem ao olhar pela janela de seu quarto.

a) Como é a rua que Tiago observa? Escreva abaixo duas características dela.

_____

b) Desenhe no espaço abaixo o que você vê de uma das janelas de sua casa.

4 As galinhas do desenho abaixo se perderam de seus ovos. Vamos ajudá-las a reencontrá-los? Faça cada percurso com uma cor diferente.

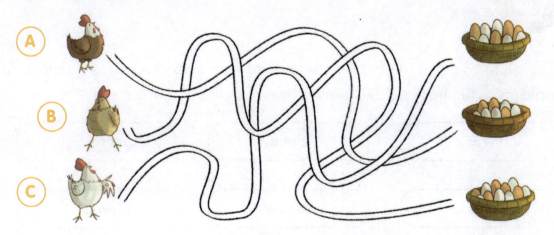

5 Leia o texto a seguir e descubra como foi a manhã de Gabriela.

a) O que existe no caminho entre a casa de Gabriela e a escola?

_____

_____

b) Que cor da luz do semáforo estava acesa para o motorista quando ele avançou na faixa de pedestres? Faça um **X**.

☐ Amarela.   ☐ Verde.   ☐ Vermelha.

Unidade 3

Viver e trabalhar

1 Complete os espaços em branco do texto com as palavras dos quadros, que indicam os lugares que existem no bairro onde Luísa mora.

- livraria
- clube
- mercado
- padaria
- escola
- praça

Quase todos os lugares aonde costumo ir ficam no bairro em que eu moro. De segunda a sexta-feira eu vou para a _____. Eu fico a tarde toda lá.

Aos sábados, mamãe e eu vamos até a _____ tomar café da manhã. Depois, ela me leva para a aula de natação no _____. Quando voltamos para casa, já é hora de almoçar. Antes de escurecer, vou ao _____ com meus pais comprar comida.

No domingo, almoçamos em família. De tarde, meu irmão costuma ir à _____ e eu ando de bicicleta na _____ que fica no fim da rua em que moramos. Ando de bicicleta até a hora do jantar.

2 Você ficou sabendo o que Luísa faz aos sábados e domingos. Agora é a sua vez! Escreva o que você faz no fim de semana e os lugares aonde costuma ir.

_____

_____

_____

3 Muitos trabalhadores participam do nosso dia a dia. Leia as dicas abaixo e descubra quem são alguns desses trabalhadores.

a) Conserta e fabrica sapatos.
b) Cuida dos dentes.
c) Faz pães.
d) Controla a entrada e a saída de pessoas dos prédios.
e) Dirige carros e ônibus.
f) Faz doces gostosos.
g) Cuida do cabelo das pessoas.
h) Cuida das pessoas quando elas ficam doentes.
i) Apaga incêndios e socorre pessoas.
j) Entrega as correspondências nas casas.

Unidade 3 — Caderno de atividades

17

4 Leia a carta de Daniela para seu amigo Marcelo. Depois, faça as atividades.

Oi, Marcelo!

Tudo bem?

Minha viagem está sendo muito legal! A cidade de São Paulo é muito diferente da nossa cidade, Salvador. Estou muito longe!

Parece que atravessamos quase o Brasil inteiro em poucas horas de avião. Minha mãe disse que a gente podia ter vindo de ônibus, mas a viagem demoraria quase dois dias inteiros.

Aqui tem muitos prédios, muitos carros e muitas lojas.

Mas o chato é que não tem praia. Parece que aqui faz mais calor do que aí, quando estamos na praia. Estou te mandando uma fotografia do Parque Ibirapuera. Visitei esse parque hoje. Fui ao Planetário, à Fundação Bienal, ao Bosque da Leitura e depois descansei na Praça da Paz. Foi muito divertido!

Beijos,
Daniela

Marcelo Viana
Rua Macapá, 3200
Ondina
Salvador - BA

150

Will Rodrigues/Shutterstock
Banco de imagens/Arquivo da editora

a) Quais são as cidades de origem e destino da viagem de Daniela e de sua mãe? Ligue as cidades.

Salvador   Rio Branco

Macapá   Corumbá

Porto Alegre   São Paulo

b) Qual foi o meio de transporte utilizado por elas? Faça um **X**.

c) A viagem demorou quanto tempo?

_____

d) Que outro meio de transporte Daniela e sua mãe poderiam ter utilizado? Por que elas não o utilizaram?

_____

_____

_____

e) Qual é o nome do parque que elas visitaram em São Paulo?

_____

5 A carta foi o meio de comunicação que Daniela usou para falar com Marcelo. Ligue os números do desenho abaixo e descubra qual meio de comunicação Marcelo escolheu para responder a Daniela. Depois, complete e pinte o desenho.

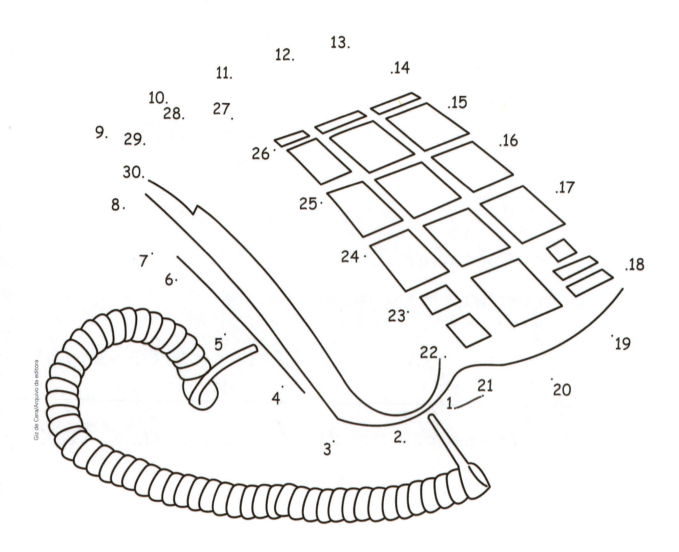

a) Qual foi o meio de comunicação escolhido por Marcelo?

_____

b) Qual meio de comunicação você usaria para responder à carta de Daniela? Por quê?

_____

_____

Unidade 4
O ambiente em que vivemos

1 Joana é prima de Felipe. Ela viajou para outro país e enviou ao primo um cartão-postal de um lugar que visitou. Mas a mensagem está escrita em código! Decifre o código e descubra que lugar Joana visitou e o que ela escreveu a Felipe.

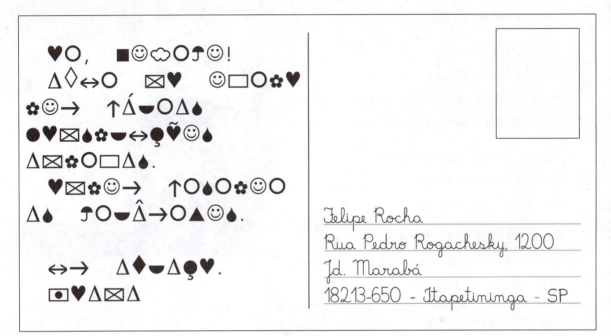

a) Transcreva abaixo a mensagem que Joana mandou a Felipe.

_____
_____
_____
_____

b) Agora, escreva uma palavra usando o código que Joana inventou. Depois, mostre aos colegas e peça a eles que decifrem sua palavra.

2. Alguns animais têm casas muito interessantes. Vamos ver? Leia o texto a seguir.

João-de-barro

Alguns bichos têm casas
Muito interessantes.
Formigas e abelhas
Podem dar ao homem
Lições de arquitetura.

E com que finura
A aranha tece sua teia,
O marimbondo constrói sua casa,
E o bicho-da-seda o seu casulo.

Mas sou apaixonada mesmo
É pela casa redonda
Do joão-de-barro.

Talvez porque sempre
Quisesse morar em árvore,
Morar assim, pendurada.

Lá dentro de casa,
O joão-de-barro e sua namorada
Fazem planos para o futuro.

Daqui de fora eu escuto:
Ti ti ti ti ti ti ti ti

Roseana Murray. **Casas**. Belo Horizonte: Formato, 2009.

a) Como a aranha e o joão-de-barro constroem suas casas?

_____

_____

b) Que material utilizado por um desses animais também pode ser aproveitado para construir as nossas casas?

_____

3 Desembaralhe as letras e descubra quais elementos do ambiente devem ser protegidos pelas pessoas.

a) r a: _____

b) g u a á: _____

c) o o s l: _____

d) s m a n i a i: _____

- Escolha um dos elementos acima e escreva uma frase sobre a importância dele para a vida dos seres humanos.

_____

_____

4 Observe a imagem.

Praia em Alcântara, no estado do Maranhão, em 2019.

a) O que você observa na imagem acima?

_____

b) O local mostrado na imagem está conservado? Marque com um **X** a resposta correta.

☐ Sim.   ☐ Não.

c) Circule na imagem alguns elementos que não deveriam estar nesse local.

5 Compare as cenas e descubra os 6 erros. Marque as diferenças com um **X** na segunda cena.

- Agora escreva os problemas encontrados na segunda cena.

1: _____

2: _____

3: _____

4: _____

5: _____

6: _____

ÁPIS DIVERTIDO

2º ANO
Ensino Fundamental

GEOGRAFIA

● ESTE MATERIAL PODERÁ SER DESTACADO E USADO PARA AUXILIAR O ESTUDO DE ALGUNS ASSUNTOS VISTOS NO LIVRO.

NOME: _____ TURMA: _____

ESCOLA: _____

editora ática

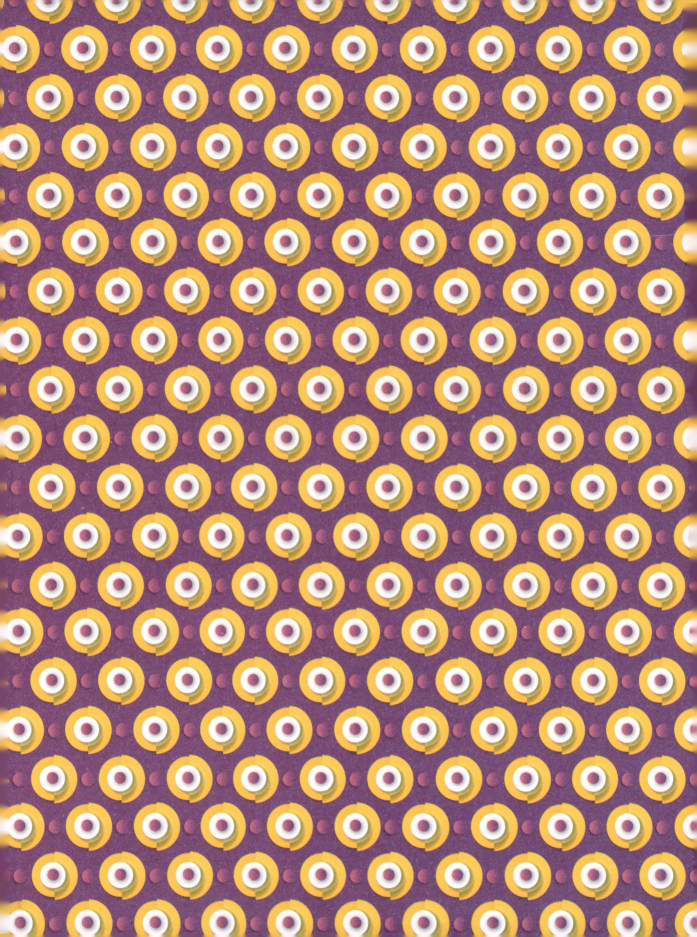

Peões e dado

Destaque e monte os peões e o dado para brincar com os jogos **respeite a sinalização** e **amarelinha**.

Legenda:
———— Dobre.
▱ Cole.

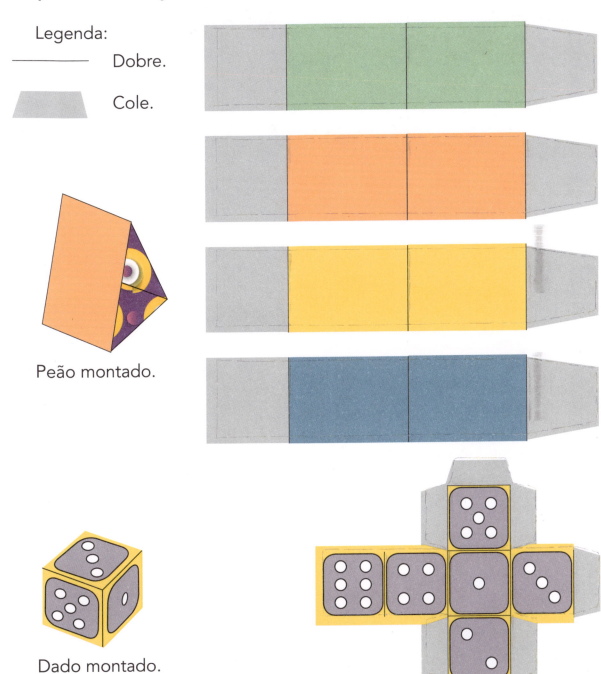

Peão montado.

Dado montado.

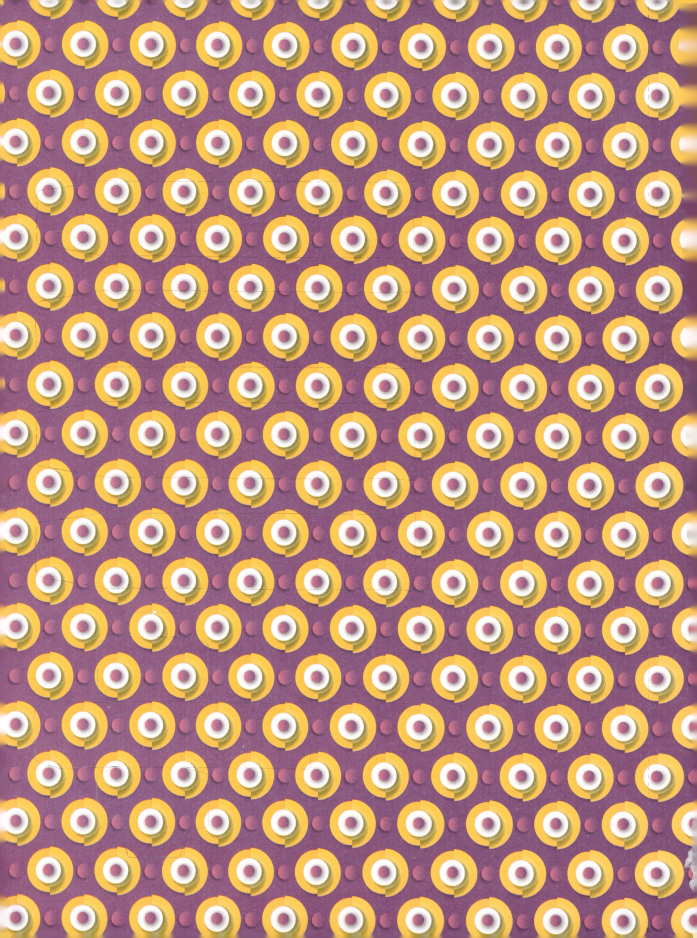

Respeite a sinalização

Destaque e cole as figuras no tabuleiro nos locais indicados.

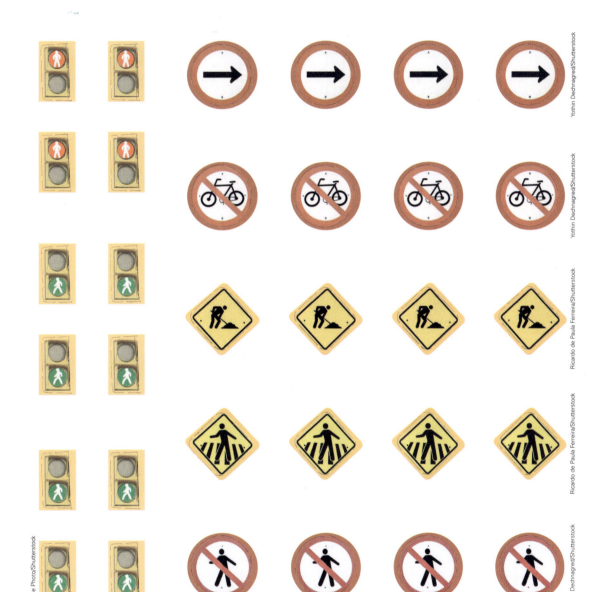

O tabuleiro e as regras desse jogo estão no final do **Ápis Divertido**.

Amarelinha

Destaque as cartas desta página e das páginas a seguir para brincar com o jogo da **amarelinha**.

A pedra é um ser vivo?

Resposta

Não, ela é um ser não vivo.
Ande 1 casa.

O que vemos no céu à noite e começa com a letra **l**?

Resposta

A Lua.
Ande 1 casa.

Diga o nome de um ser vivo de hábitos noturnos que começa com a letra **m**.

Resposta

Morcego.
Ande 2 casas.

O que vemos no céu durante o dia e começa com a letra **s**?

Resposta

O Sol.
Ande 1 casa.

O tabuleiro e as regras desse jogo estão no final do **Ápis Divertido**.

Uma panela de ferro é dura ou macia?

Resposta

Ela é dura.
Ande 1 casa.

Amarelinha

Amarelinha

Amarelinha

Amarelinha

Amarelinha

Amarelinha

Qual é o ponto de vista usado para fazer os mapas?

Resposta

Visão de cima para baixo.
Ande 3 casas.

A moradia é um direito de todas as pessoas?

Resposta

Sim.
Ande 1 casa.

Quando andamos pela rua e o semáforo de pedestres está verde, o que podemos fazer?

Resposta

Podemos atravessar a rua.
Ande 2 casas.

É certo escovar os dentes com a torneira aberta?

Resposta

Não.
Ande 2 casas.

Um triângulo tem quantos lados?

Resposta

Tem 3 (três) lados.
Ande 2 casas.

Amarelinha

Amarelinha

Amarelinha

Amarelinha

Amarelinha

 Amarelinha

---

Quanto é 6 × 2?

Resposta

12 (doze).
Ande 2 casas.

Nos bairros, existem diferentes trabalhos?

Resposta

Sim.
Ande 3 casas.

Ana tem 15 anos e Mara tem 10 anos. Qual é a diferença de idade entre elas?

Resposta

5 (cinco) anos.
Ande 1 casa.

No verão costuma fazer calor ou frio?

Resposta

Calor.
Ande 2 casas.

A bolinha de gude é quadrada ou redonda?

Resposta

Redonda.
Ande 1 casa.

Amarelinha

Amarelinha

Amarelinha

Amarelinha

Amarelinha

Amarelinha

Podemos jogar lixo nas ruas, nos rios e na praia?

Resposta

Não.
Ande 1 casa.

As pessoas e as coisas têm nome. Quais delas têm sobrenome?

Resposta

As pessoas têm sobrenome.
Ande 3 casas.

A palavra palafita tem quantas letras?

Resposta

Tem 8 (oito) letras.
Ande 2 casas.

Cimento, tijolo, areia e geleia. Quais desses materiais podem ser usados na construção de uma casa?

Resposta

Cimento, tijolo e areia.
Ande 2 casas.

Qual é o nome da moradia indígena feita de madeira e fibras vegetais?

Resposta

Oca.
Ande 1 casa.

Amarelinha

Amarelinha

Amarelinha

Amarelinha

Amarelinha

Amarelinha

A palavra **Sergipe** tem quantas vogais?

Resposta

Tem 3 (três) vogais.
Ande 3 casas.

Diga três números ímpares maiores do que 10 e menores do que 17.

Resposta

11, 13 e 15.
Ande 3 casas.

A palavra **mapa** tem quantas sílabas?

Resposta

Duas sílabas.
Ande 2 casas.

Todos os indígenas brasileiros vivem na floresta?

Resposta

Não.
Ande 2 casas.

15

Amarelinha

Amarelinha

Amarelinha

Amarelinha

Respeite a sinalização

Vamos conhecer alguns sinais de trânsito? Siga as instruções das placas para chegar à praça.

Quantidade de participantes
- 2 a 4

Como jogar
- Destaque e monte os peões e o dado da página 3.
- Destaque e cole as figuras da página 5 no tabuleiro, nos locais indicados.
- Escolha um dos caminhos coloridos e posicione o peão da mesma cor no **início** do caminho.
- Começa o jogo quem tirar o maior número no dado.
- Para avançar pelas casas, é preciso jogar o dado e seguir as instruções de cada placa.
- Aquele que chegar primeiro à praça é o vencedor.

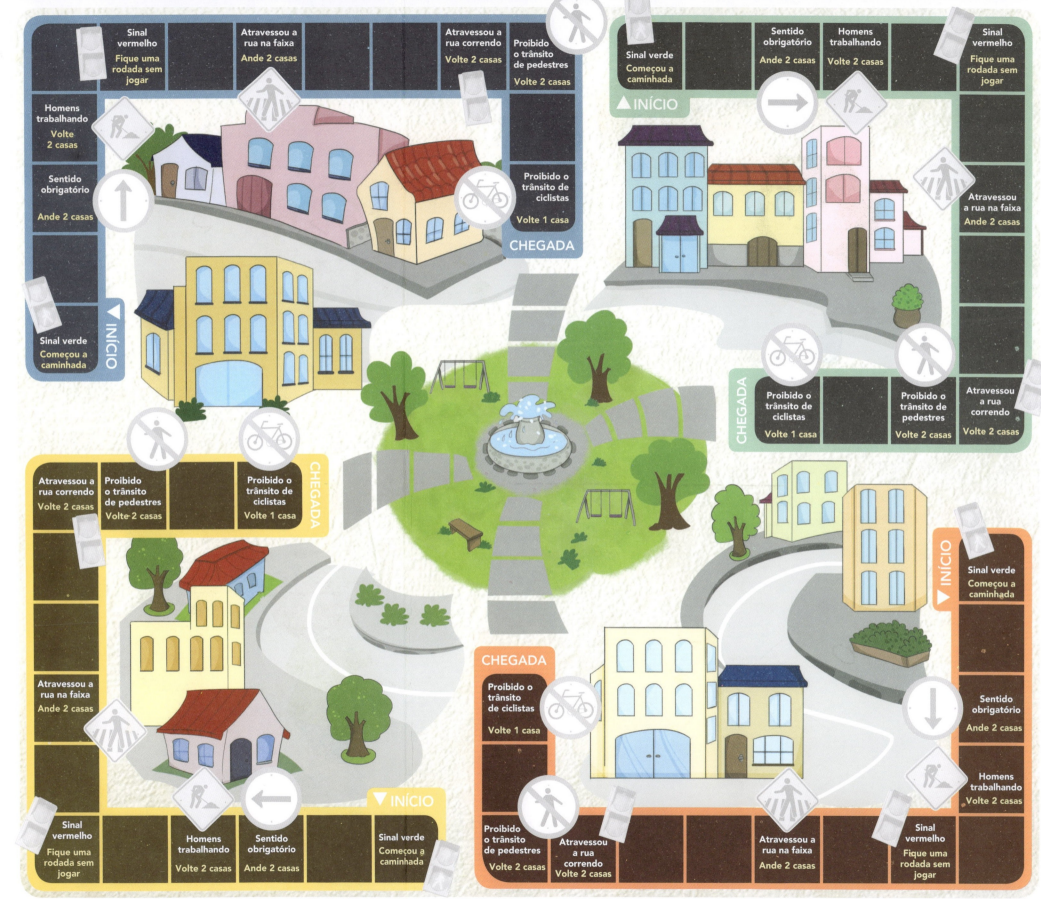

Amarelinha

Crianças de várias partes do mundo conhecem essa brincadeira.

Vamos ver quem consegue pular as casas e chegar primeiro?

Quantidade de participantes
- 2 a 4

Como jogar
- Destaque e monte os peões e o dado da página 3.
- Cada participante deverá escolher um peão e posicioná-lo na casa marcada com o número 0.
- Destaque as cartas das páginas 7 a 15 e embaralhe-as. Em um monte, coloque as cartas com as perguntas viradas para baixo.
- Começa o jogo quem tirar o maior número no dado.
- Para avançar pelas casas, é preciso acertar a resposta da carta e seguir as instruções. A pergunta deve ser feita pelo colega que estiver à direita de quem está jogando.
- Quem errar a resposta, permanece no lugar e passa a vez ao colega seguinte.
- Vence quem ultrapassar primeiro a casa número 12.

Projeto **Ápis**

CADERNO DE ATIVIDADES

GEOGRAFIA

5º ANO
Ensino Fundamental

NOME: _____ TURMA: _____

ESCOLA: _____

editora ática

Sumário

Unidade 1 ▶ Conhecendo o Brasil 3

Unidade 2 ▶ Vivendo no Brasil 9

Unidade 3 ▶ As cidades e o trabalho 16

Unidade 4 ▶ Ambiente e qualidade de vida 20

Neste caderno, você vai realizar atividades sobre assuntos tratados no livro. Esperamos que você aprenda muito com elas. Bom trabalho e mãos à obra!

Unidade 1

Conhecendo o Brasil

1 Observe as imagens abaixo. Elas são do mesmo local.

Bairro Parque Boturussu, em São Paulo, no estado de São Paulo, 2017.

a) Circule de **vermelho**, nas duas fotos, dois elementos que comprovam que elas são do mesmo lugar.

b) Anote **V** para as afirmações verdadeiras ou **F** para as falsas.

☐ A foto 1 foi tirada mais de longe; portanto, mostra mais detalhes da paisagem.

☐ A foto 2 foi tirada mais de longe; portanto, mostra mais detalhes da paisagem.

☐ A foto 2 foi tirada mais de perto; portanto, mostra mais detalhes da paisagem.

☐ A foto 1 foi tirada mais de perto; portanto, mostra menos detalhes da paisagem.

☐ A foto 2 foi tirada mais de perto; portanto, mostra menos detalhes da paisagem.

☐ A foto 1 foi tirada mais de longe; portanto, mostra menos detalhes da paisagem.

c) Qual foto mostra a maior área? _____

2 Relacione as colunas.

- Paralelo 
- Meridiano 
- Nordeste (NE) 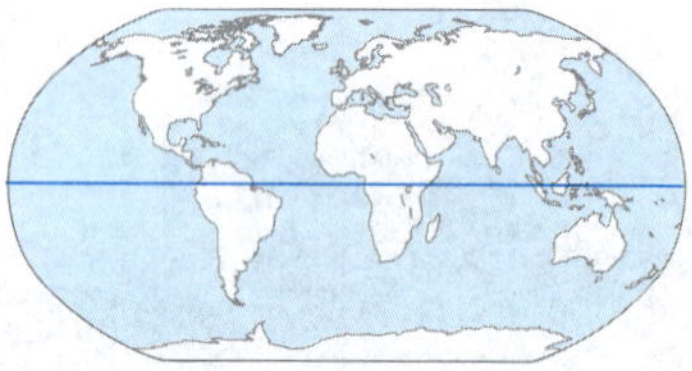
- Noroeste (NO) 
- Sudeste (SE) 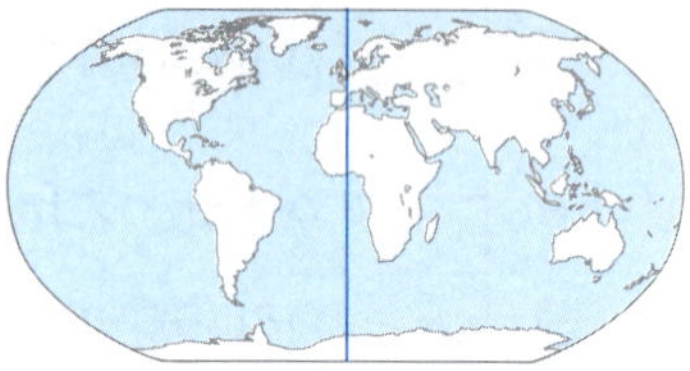
- Sudoeste (SO)

- Agora, preencha as lacunas abaixo.

    Paralelos e meridianos são _____.

    Norte (N), sul (S), leste (L) e oeste (O) são _____.

    Nordeste (NE), noroeste (NO), sudeste (SE) e sudoeste (SO) são

    _____.

3 Encontre no diagrama abaixo sete palavras já estudadas por você que completam corretamente o texto.

D	I	A	S	P	A	E	R	D	I	S	F
G	C	T	I	L	B	L	O	L	H	O	T
K	D	E	F	A	N	I	T	U	F	L	W
E	T	R	A	N	S	L	A	Ç	Ã	O	C
U	A	R	I	E	O	A	Ç	A	S	A	I
R	T	A	A	T	U	G	Ã	I	T	J	Q
P	J	H	Z	A	L	N	O	I	T	E	S

Movimento de _____ é o nome dado ao giro que a _____ faz em torno de si mesma. Ele é responsável pela ocorrência dos _____ e das _____.

Já _____ é o nome dado ao giro que o _____ Terra faz ao redor do _____. Esse movimento é responsável pela ocorrência das estações do ano.

4 Faça um desenho que represente a sua estação do ano favorita. Anote o nome dela.

5 Observe o mapa abaixo e faça o que se pede.

Elaborado com base em: IBGE. **Atlas geográfico escolar**. 8. ed. Rio de Janeiro: IBGE, 2018. p. 94.

a) Pinte cada região do mapa com uma cor diferente. Complete a legenda.

b) O Brasil é dividido em quantas regiões? ☐

c) A região onde você mora tem quantos estados? ☐

6 Vamos diferenciar o uso dos termos **altura** e **altitude**? Assinale no quadro os termos mais adequados para a medição dos itens abaixo.

	Altura	Altitude
A casa tem 4 metros de...		
O pico da Neblina está a 2 995 metros de...		
O município de Itajubá, no estado de Minas Gerais, está a 895 metros de...		
A castanheira tem 15 metros de...		
Pedro tem 1 metro e 65 centímetros de...		

7 A Estação da Luz, localizada na cidade de São Paulo, no estado de São Paulo, foi tombada como patrimônio histórico e artístico nacional em 1982. Leia o texto e observe as fotos.

Em 1867, foi construída a primeira estação ferroviária da "The São Paulo Railway", no bairro da Luz, em terreno cedido pelo governo da Província de São Paulo. Esta ferrovia, que ligava o porto de Santos a Jundiaí, foi construída para escoar, principalmente, as mercadorias provenientes da economia cafeeira. Dez anos depois, suas linhas e instalações não mais comportavam o movimento de passageiros e cargas. Em decorrência desse fato, foi desenvolvido um novo projeto para a Estação da Luz [...]. Depois de cinco anos de iniciadas as obras, a estação foi inaugurada, em 1901. [...]. Após incêndio ocorrido em 1946, [...] o edifício foi restaurado e passou a abrigar, além da estação ferroviária, o Museu da Língua Portuguesa, inaugurado em 20 de março de 2006.

PATRIMÔNIO. Disponível em: <http://www.ipatrimonio.org/estacao-da-luz/#!/map=38329&loc=-23.535169999999997,-46.635315000000006,17>. Acesso em: 31 mar. 2020.

Estação da Luz em São Paulo, no estado de São Paulo, 1902.

Estação da Luz em São Paulo, no estado de São Paulo, 2015.

a) O que significa dizer que uma construção foi tombada como patrimônio histórico e artístico?

_____

_____

b) Quais elementos demonstram a passagem do tempo entre as fotos 1 e 2?

_____

_____

_____

8 Nesta atividade, você vai refletir sobre o crescimento das cidades.

a) Assinale os problemas resultantes do crescimento desordenado das cidades.

	Melhora da qualidade do ar.
	Baixa qualidade de vida.
	Construção de moradias e indústrias em áreas indevidas.
	Ausência de áreas verdes.
	Despoluição de rios e córregos.
	Erosão do solo.
	Grande oferta de saneamento básico.
	Aumento no número de doenças.
	Melhora do sistema de saúde.
	Trânsito.

b) Escolha um dos problemas assinalados acima e pesquise imagens sobre ele. Cole uma imagem no quadro abaixo. Depois, ao lado, escreva uma solução para esse problema.

Unidade 2 — Vivendo no Brasil

1 Complete a tabela com informações sobre os países mais populosos do mundo.

Países mais populosos do mundo – 2018		
País	Continente	População
1º _____	_____	1 380 000 000
2º Índia	_____	1 311 000 000
3º _____	América do Norte	323 000 000
4º Indonésia	_____	259 000 000
5º _____	_____	209 000 000

Elaborado com base em: ISTITUTO Geografico De Agostini. **Calendario Atlante De Agostini 2018**. Novara, 2018. p.142-149.

2 Pinte corretamente os gráficos com informações sobre a população brasileira. Lembre-se de completar a legenda.

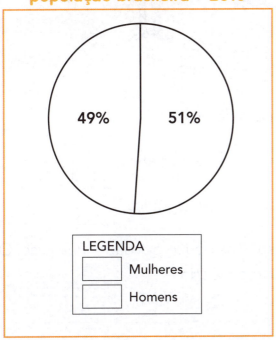

Composição por sexo da população brasileira – 2010

IBGE. **Anuário estatístico do Brasil 2015**. Rio de Janeiro: IBGE, 2016. v. 75. p. 2-11.

Composição por idade da população brasileira – 2010

IBGE. **Anuário estatístico do Brasil 2015**. Rio de Janeiro: IBGE, 2016. v. 75. p. 2-11.

3 Observe as ilustrações abaixo.

a) Qual ilustração tem o menor número de pessoas? ☐

b) Qual ilustração tem a menor densidade demográfica? ☐

c) Qual ilustração tem a maior densidade demográfica? ☐

d) O Brasil é um país muito populoso, mas pouco povoado. Pesquise: O que significa dizer que um país é pouco povoado?

_____

_____

4 Existem mais de 250 povos indígenas vivendo no Brasil atualmente. Nesta atividade, você vai conhecer alguns deles.

a) Descubra no diagrama os nomes de alguns povos indígenas e complete as lacunas nas palavras do quadro.

BO__ __RO   NUKI__ __   TU__ __NI__ __ __ __

KARA__ __   __ __KANO   XE__ __ __TE

__ __LINA   TE__ __NA   YA__ __MA__ __

B	A	R	Y	T	B	O	R	O	R	O	B	X	G	U
O	X	E	R	E	N	T	E	G	O	W	A	C	Z	D
K	V	S	U	B	G	U	H	O	F	P	O	B	K	N
I	R	Y	A	N	P	P	J	I	S	H	F	G	I	U
G	I	W	B	Q	M	I	G	Q	W	D	E	B	O	K
A	Q	T	U	K	A	N	O	M	M	B	R	K	Z	I
X	S	E	C	H	C	I	A	D	U	P	L	G	U	N
K	N	R	L	L	G	Q	Y	A	N	O	M	A	M	I
U	A	E	B	R	D	U	L	O	D	I	F	O	L	F
R	X	N	G	R	V	I	N	W	U	X	G	U	K	T
B	W	A	L	D	O	M	T	F	R	A	Z	P	I	T
V	G	B	I	P	V	R	E	L	U	R	R	T	N	B
W	A	L	I	J	M	O	B	L	K	D	A	G	I	L
K	U	L	I	N	A	K	W	P	T	E	B	J	T	Q
L	F	F	H	W	B	K	A	R	A	J	Á	Y	L	R

b) Escolha um dos povos indígenas acima e pesquise as seguintes informações:

- Nome e língua.
- Localização e população.
- Alimentação.
- Jogos e brincadeiras.
- Festas, rituais e mitos.

Anote suas descobertas no caderno e compartilhe com os colegas.

5 Complete as lacunas dos textos abaixo sobre as principais atividades econômicas do Brasil. Depois, no quadro ao lado de cada texto, faça um desenho que represente a atividade econômica descrita.

a) A _____ foi o principal produto agrícola cultivado no litoral brasileiro nos séculos XVI e XVII, com a utilização de mão de obra de pessoas escravizadas.

b) A _____ foi a principal atividade econômica no Brasil no século XVIII, grande responsável pela ocupação do interior do território, principalmente os atuais estados de Minas Gerais e Goiás.

c) O cultivo do _____ atraiu muitos imigrantes europeus e pessoas de várias regiões do Brasil para a região Sudeste no século XIX e início do século XX.

d) Ao longo do século XX, as _____ na região Sudeste do Brasil foram as responsáveis por atrair muitas pessoas de outras regiões do Brasil e de outros países.

6 Conheça a história de João, um brasileiro de 25 anos. Depois, responda às questões.

João nasceu no município de Palmas, no estado do Tocantins.

Aos 10 anos, João e sua família mudaram-se para Salvador, no estado da Bahia.

Atualmente, João trabalha na França e pretende mudar-se novamente para o Brasil com a namorada francesa, pois está com saudades da família.

a) Qual é o nome da migração que João e sua família fizeram quando se mudaram para Salvador?

_____

b) Qual é o nome da migração que João fez ao se mudar para a França?

_____

c) João mudou-se do Brasil. Ele é um:

☐ emigrante.   ☐ imigrante.

d) Ao mudar-se para o Brasil, a namorada de João será uma _____ francesa.

13

7 Os gráficos abaixo representam a população urbana e a população rural do Brasil em 1950, 1970, 2000 e 2010.

a) Pinte os gráficos de 2000 e 2010, de acordo com a legenda.

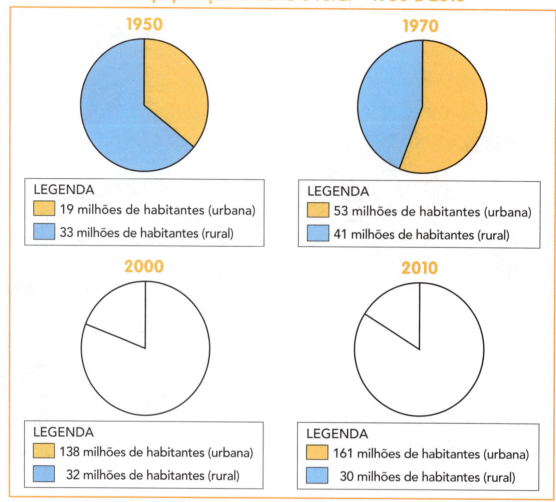

IBGE. **Anuário estatístico do Brasil 2015**. v. 75. Rio de Janeiro: IBGE, 2016. p. 2-11; 2-12.

b) Complete as afirmações com base nos gráficos.

- Em 1950, a maior parte da população brasileira era _____.

- Em 2010, a maior parte da população brasileira era _____.

c) No período de 1950 a 2010, quais mudanças na população brasileira estão representadas nos gráficos? _____

d) Qual é o nome do processo representado pelos gráficos? Escreva abaixo.

14

8 Compare as duas cenas e descubra 7 diferenças entre elas. Marque as diferenças com um **X** na segunda cena.

Unidade 3

As cidades e o trabalho

1 Como você estudou, atualmente as cidades podem ter múltiplas funções. Observe as fotos e indique abaixo de cada uma delas uma importante função que apresentam. Utilize as palavras do quadro.

> industrial   turística   religiosa   político-administrativa

Congresso Nacional, em Brasília, 2019.

_____

Juazeiro do Norte, no estado do Ceará, 2020.

_____

Cubatão, no estado de São Paulo, 2018.

_____

Paraty, no estado do Rio de Janeiro, 2018.

_____

2 Defina, com suas palavras, o que é ecoturismo e explique a importância desse tipo de turismo para a proteção do ambiente.

_____

_____

_____

16

3 Marabá é um município brasileiro localizado no estado do Pará e é cortado por importantes vias de circulação da região Norte do Brasil. Observe, no mapa abaixo, um trecho do município e complete a legenda. Depois, responda às questões.

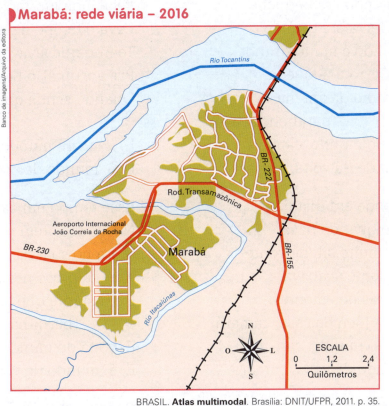

BRASIL. **Atlas multimodal**. Brasília: DNIT/UFPR, 2011. p. 35.

LEGENDA
- Rua
- Ferrovia
- Aeroporto
- Hidrovia
- Rodovia

a) Quais vias de circulação estão desenhadas no mapa utilizando-se representações lineares (linhas)?

_____

b) Além dos meios de transporte que circulam pelas vias mencionadas anteriormente, qual outro meio de transporte é possível utilizar para chegar ou sair de Marabá, de acordo com o mapa?

_____

c) O município de Marabá surgiu às margens do rio Tocantins e expandiu-se ao longo das rodovias que foram sendo criadas. Qual é o nome dado a esse tipo de crescimento da cidade?

_____

4 Leia o trecho da letra da canção a seguir.

Parabolicamará

Antes mundo era pequeno
Porque Terra era grande
Hoje mundo é muito grande
Porque Terra é pequena
Do tamanho da antena
           [parabolicamará
Ê, volta do mundo, camará
Ê, ê, mundo dá volta, camará

Antes longe era distante
Perto, só quando dava
Quando muito, ali defronte
E o horizonte acabava
Hoje lá trás dos montes,
           [den de casa, camará
Ê, volta do mundo, camará
Ê, ê, mundo dá volta, camará

De jangada leva uma eternidade
De saveiro leva uma encarnação

Pela onda luminosa
Leva o tempo de um raio
Tempo que levava Rosa
Pra aprumar o balaio
Quando sentia que o balaio ia
           [escorregar
Ê, volta do mundo, camará
Ê, ê, mundo dá volta, camará

Esse tempo nunca passa
Não é de ontem nem de hoje
Mora no som da cabaça
Nem tá preso nem foge
No instante que tange o
           [berimbau, meu camará
Ê, volta do mundo, camará
Ê, ê, mundo dá volta, camará

De jangada leva uma eternidade
De saveiro leva uma encarnação
De avião, o tempo de uma
           [saudade
[...]

GIL, Gilberto. **Parabolicamará**. Warner Music Brasil, 1992. 1 CD. Faixa 2.

18

a) Releia este trecho da canção e responda à questão.

Antes mundo era pequeno
Porque Terra era grande
Hoje mundo é muito grande
Porque Terra é pequena

- O que possibilitou que o mundo ficasse "muito grande" e a Terra "pequena", segundo a canção?

_____

_____

_____

b) Sublinhe na letra da canção os meios de transporte citados.

c) Pinte os quadros abaixo que indicam as vias de circulação dos meios de transporte que você sublinhou no item anterior.

| Aérea | Ferrovia | Hidrovia | Rodovia |

d) Faça no espaço abaixo um desenho que represente a principal mensagem da letra da canção. Dê um título a ele.

_____

19

Ambiente e qualidade de vida

1 A ilustração abaixo é uma representação simplificada do caminho que a água percorre na natureza.

a) Nomeie cada etapa desse caminho, utilizando as palavras do quadro.

| escoamento   condensação   evaporação |
| transpiração   precipitação |

b) Qual é o nome dado a esse caminho?

2 Leia a tirinha abaixo.

QUINO, Joaquín S. L. **Mafalda**. Disponível em: <https://epoca.globo.com/vida/noticia/2015/01/o-mundo-visto-bpor-mafaldab.html>. Acesso em: 3 abr. 2020.

a) Quem está doente, segundo a personagem da tirinha?

_____

_____

b) Ao começar a ler a tirinha, quem você esperava que estivesse doente?

_____

_____

c) Na sua opinião, por que a personagem da tirinha considera que o planeta está doente? Quais seriam os sintomas dessa doença?

_____

_____

_____

_____

d) Na sua opinião, qual seria o tratamento adequado para a doença do planeta?

_____

_____

_____

_____

3 Identifique os tipos de poluição ilustrados abaixo e escreva uma possível solução para cada um deles.

a) _____
_____
_____
_____
_____

b) _____
_____
_____
_____
_____

c) _____
_____
_____
_____
_____

d) _____
_____
_____
_____
_____

4 Agora, você vai conhecer o **jogo das reações**.

Imagine que, durante um piquenique com a turma, você vê um dos seus colegas jogar lixo na grama.

a) Como você reage a essa situação? Assinale com um **X** uma das opções abaixo.

1. Você não faz nada, afinal, não é da sua conta.

2. Você esconde o lixo embaixo da toalha de piquenique para que ninguém veja.

3. Você simplesmente se abaixa e recolhe o lixo da colega, sem falar nada.

4. Você conversa com a colega e explica por que ela não deve jogar lixo no chão.

b) Agora que você já fez a sua escolha, veja o que pode acontecer.

1. Pode parecer que você não tem nada a ver com isso, mas a poluição do ambiente afeta a todos.

2. Esconder o lixo embaixo da toalha de piquenique não vai resolver o problema! O lixo continuará na praça poluindo o ambiente.

3. Recolher o lixo jogado por outra pessoa e descartá-lo no local adequado é uma boa atitude, mas, se você recolhe o lixo sem falar nada, ela pode não compreender sua atitude como um exemplo a ser seguido.

4. Conversar com a colega é uma atitude muito bacana! Falando com ela, você a ajuda a entender a importância de descartar o lixo nos locais adequados e conservar o ambiente.

- Depois de conhecer as possíveis consequências de cada ação, você mantém a escolha feita na página anterior? Por quê?

24